AF537608

WM
DIESES BUCH GEHÖRT:

Bibliografische Information der Deutschen Nationalbibliothek:
Die Deutsche Nationalbibliothek verzeichnet diese Publikation in der Deutschen Nationalbibliografie; detaillierte bibliografische Daten sind im Internet über http://dnb.d-nb.de abrufbar.

Die Handlung dieses Buches beruht auf wahren Begebenheiten. Die Autorinnen und der Verlag übernehmen für die tatsächlichen Vorkommnisse jedoch keine Garantie, zumal gewisse Tatsachen zum besseren Verständnis für jüngere Leserinnen und Leser vereinfacht dargestellt werden. Das Werk ist in einer verlagskonform geschlechtsneutralen Schreibweise verfasst.

1. Auflage	April 2022
© 2022	edition riedenburg
Verlagsanschrift	Adolf-Bekk-Straße 13, 5020 Salzburg, Österreich
Internet	www.editionriedenburg.at
E-Mail	verlag@editionriedenburg.at
Lektorat	Dr. Caroline Oblasser
Illustrationen	© Bettina Springer-Ferazin
Portraits	Heike Wolter © privat; Julia Christof © Studioline Regensburg; Bettina Springer-Ferazin: © Katie Simpson - katiesimpsonphoto.com
Satz und Layout	edition riedenburg
Herstellung	Books on Demand GmbH

ISBN 978-3-99082-082-7

Heike Wolter • Julia Christof
Illustrationen: Bettina Springer-Ferazin

Wangari Maathai

Die Mutter der Bäume

FÜR KLEINE LEUTE
MIT GROSSEN IDEEN.

Inhalt

Das Leben ist ein Fluss

Wangari Maathai wurde am 1. April 1940 im bergigen Nyeri im heutigen Kenia geboren. Ihre Familie gehörte dem Stamm der Kikuyu an.

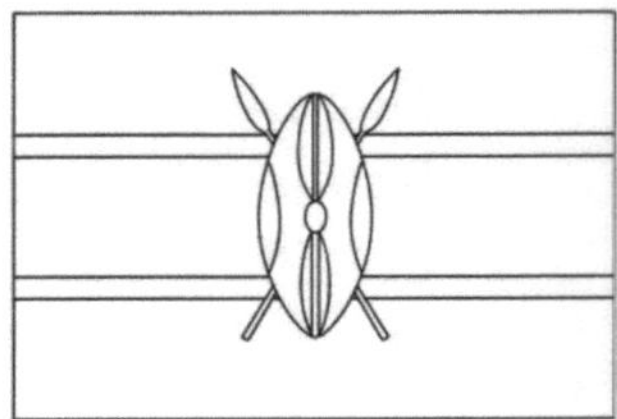

Wangari spielte oft an einem Fluss, neben einem großen Baum. Dort war es schön schattig. Sie suchte dort Froscheier und Kaulquappen und kümmerte sich um sie. Später – als sie zurückkehrte – war dieser Baum gefällt worden und der Fluss verschwunden.

Wangaris Tante konnte tolle Geschichten von Drachen und sprechenden Tieren erzählen und die kleine Wangari hörte so lange zu, bis sie dabei einschlief.

STAMM: Eine Gruppe von Menschen, die zusammengehören.

KIKUYU: Die größte Bevölkerungsgruppe in Kenia.

KAULQUAPPEN: Kleine Froschbabys, sie sollten am besten im Wasser bleiben.

FORSCHUNGSAUFGABE

Wo ist dein liebster Ort zum Spielen und warum?

Mein Afrika

Wangari lebte auf dem Land, wie die meisten Menschen damals in Afrika. In ihrem Dorf konnte kaum jemand lesen oder schreiben. Alles, was die Menschen wissen mussten, wurde durch Geschichten weitergegeben.

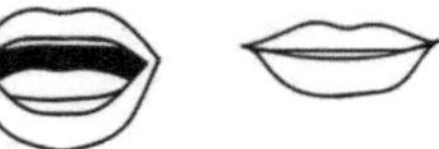

Die Erzählungen der Tante waren Geschichten fürs Leben. Jede hatte eine wichtige Botschaft – über die Menschen, die Berge und die Natur. Sie machten Wangari zu dem Menschen, der sie geworden ist.

Später verstand Wangari, dass die Probleme Afrikas anfingen, als diese Geschichten vergessen wurden.

GESCHICHTEN FÜRS LEBEN: Manche Erzählungen vermitteln wichtige Vorstellungen und Regeln.

BOTSCHAFT: Das, was man aus einer Geschichte lernen kann.

FORSCHUNGSAUFGABE

Welche Geschichte mit einer wichtigen Botschaft kennst du?

Das will ich auch

Zu dieser Zeit war es ungewöhnlich, dass Mädchen aus den Dörfern Schulen besuchten. Aber Wangaris ältester Bruder schlug vor, dass sie auch in die Schule gehen sollte.

Auf dem Weg zu ihrem ersten Schultag holte Wangaris Cousin eine Schiefertafel hervor und schrieb etwas darauf. Danach wischte er die Worte wieder weg. Wangari war begeistert von diesem Zauber und wollte unbedingt lesen und schreiben lernen.

Später wurde Wangari in einer katholischen Schule von Nonnen erzogen. Sie versuchte, die Nonnen nachzumachen und Gutes zu tun.

SCHIEFERTAFEL: Ein Brettchen, auf das man mit Kreide schreiben und das man abwischen kann, um erneut darauf zu schreiben.

NONNE: Eine christliche Frau, die in einem Kloster Gott dient.

FORSCHUNGSAUFGABE

In welchem Artikel der Kinderrechts-konvention steht das Recht auf Bildung?

Lösung: Artikel 28.

Der Blick von außen

Als Wangari 20 Jahre alt war, erhielt sie die Möglichkeit, in die USA zu gehen. Sie studierte die Fächer Biologie, Chemie und Deutsch.

Sie sagte selbst, dass diese Jahre im Ausland – weit weg von Kenia – sie und ihre Sicht auf die Dinge veränderten. Zurück in Kenia fühlte sie sich manchmal fremd.

Nach ihrem Abschluss wollte sie weiter forschen und arbeitete unter anderem an den Universitäten in Nairobi und München. Sie interessierte sich hier vor allem für Tiere und die Umwelt.

NAIROBI: Hauptstadt von Kenia.

MÜNCHEN: Landeshauptstadt von Bayern (Deutschland).

FORSCHUNGSAUFGABE

Wofür interessierst du dich und worüber würdest du gerne mehr wissen?

Ein großer Traum

Viele Jahrhunderte lang haben sich die Länder Europas Afrika untereinander aufgeteilt. Die afrikanischen Menschen hatten keine Rechte.

Erst vor etwa 60 Jahren wurden viele Länder in Afrika unabhängig. Auch das Land, in dem Wangari lebte. Erst dann hieß es Kenia.

Viele Menschen hofften, dass nun alles besser werden würde. Sie hatten lange davon geträumt, frei zu sein.

So ging es auch Wangari, die gern beim Aufbau ihres Landes dabei sein wollte.

KENIA: Ein Land im Osten von Afrika.

UNABHÄNGIGKEIT: Das bedeutet, dass man selbst bestimmen darf.

FORSCHUNGSAUFGABE

Was bedeutet das Fremdwort „Kolonialismus“? Lass dir von deinen Eltern oder einem Kinderlexikon helfen. Überlege, was das Wort mit Wangaris Leben zu tun hat.

Lösung: Kolonialismus bedeutet, dass ein Land ein anderes erobert, um seine Menschen und Rohstoffe auszubeuten. Wangari wurde in einer Kolonie geboren.

Wer bin ich?

Als Wangari nach Kenia zurückkam, heiratete sie. Das taten fast alle Frauen in Kenia. Wangari hatte es als Kind bei anderen Frauen nicht anders gesehen. Sie selbst hatte drei Kinder: Wanjira, Muta, Waweru.

Aber bald merkte sie, dass sie mit dem Leben zusammen mit ihrem Mann sehr unglücklich war. Immer häufiger fragte sie sich: Wer bin ich? Sie wollte nicht einfach machen, was von ihr als Frau erwartet wurde.

Sie merkte: Ich kann alles schaffen. Das gab ihr viel Kraft. Die setzte sie für das ein, was ihr am Herzen lag.

ERWARTUNGEN: Das sind Gedanken von anderen, was jemand tun soll.

AM HERZEN LIEGEN: Das bedeutet, einen großen Wunsch zu haben.

FORSCHUNGSAUFGABE

Wie stellst du dir dein Leben vor, wenn du einmal erwachsen bist?

Wie alles zusammenhängt

Wenn Wangari im Wald stand, hörte sie, wie der Regen auf die Blätter platschte. Von dort rann das Wasser in kleinen Rinnsalen zur Erde. Es sickerte mit einem Glucksen in den Boden. Dort fand es Baumwurzeln und wurde im Bauch der Erde gespeichert.

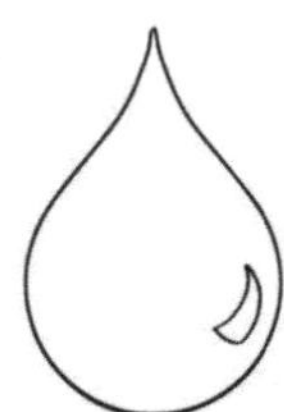

Als Wangari älter wurde, verstand sie: Ohne die Bäume und das Wasser wird das Land zur Wüste. Dann können die Menschen nicht mehr in ihren Dörfern leben.

Wangari hatte eine rettende Idee: Lasst uns Bäume pflanzen!

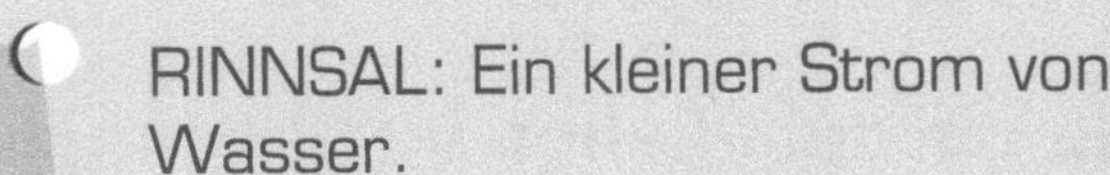

RINNSAL: Ein kleiner Strom von Wasser.

SICKERN: Wasser verschwindet langsam in der Erde.

FORSCHUNGSAUFGABE

Was braucht eine Pflanze zum Wachsen?
Und was brauchst du zum Wachsen?

Von Bäumen und Menschen

Oft sah Wangari die Probleme der Menschen, vor allem der Frauen in Kenia. Sie hatten zu wenig Feuerholz und das Wasser war knapp. Natürlich wäre es möglich, diesen Menschen Geld zu geben, um Holz und Wasser zu kaufen. Aber Wangari verstand: Schon bald wäre das Geld alle und das Problem immer noch da.

Sie wusste: Man muss den Frauen helfen, sich selbst zu helfen. Sie lehrte sie alles über Bäume, traditionelle Pflanzen, Ackerbau – und sich gesund zu ernähren.

Schon bald erzählte Wangari den Frauen auch: Ihr müsst selbstbewusst sein und für eure Ideen kämpfen.

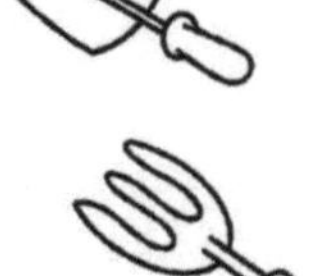

TRADITIONELL: Etwas, das man schon lange kennt oder genau so tut.

ERNÄHRUNG: Das, was wir essen, ist unsere Ernährung.

FORSCHUNGSAUFGABE

Welche Pflanzen hast du selbst schon einmal gepflanzt oder möchtest du pflanzen?

Die Mutter der Bäume

Um den Frauen noch besser zu helfen, gründete Wangari Maathai 1977 das „Green Belt Movement".

Wangari motivierte vor allem ärmere Frauen, mitzumachen. Sie pflanzten nun gemeinsam Bäume, die in ihren Regionen heimisch waren. Über die Jahre waren das viele Millionen Bäume.

Sie sammelten selbst die Samen und lernten sie vor Tieren und Menschen zu schützen, damit sie wachsen konnten. So konnten sie die Früchte der Bäume essen oder Äste für Feuerholz nutzen.

Wangari wurde seitdem „Mama Miti" genannt.

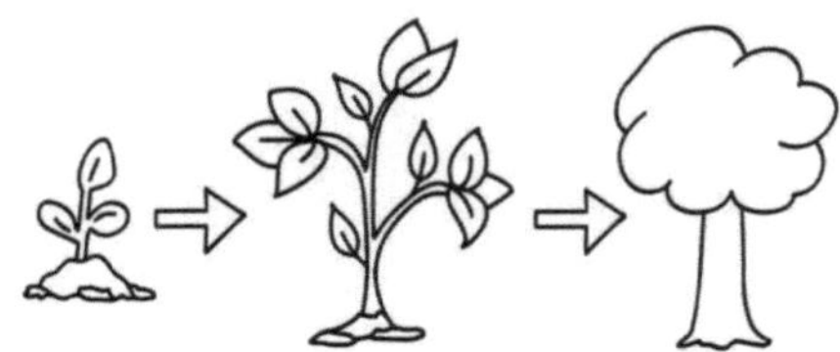

MAMA MITI: Auf Suaheli (Sprache in Kenia) bedeutet das „Mutter der Bäume".

GREEN BELT MOVEMENT: Heißt übersetzt „Grüngürtelbewegung".

FORSCHUNGSAUFGABE

Welche Bäume, die essbare Früchte tragen, kennst du aus deiner Region?

Lösung: z.B. Apfelbaum, Birnbaum, Kirschbaum, Marillenbaum

Wieder aufstehen

Wangaris Ehemann ließ sich von ihr scheiden. Er dachte, sie sei zu erfolgreich, gebildet und selbstbewusst. Sie wollte sich aber nicht kontrollieren lassen.

Die Scheidung war sehr teuer. Als Wangari einmal mit ihren Kindern im Schwimmbad war, konnte sie ihnen nicht einmal eine Portion Pommes kaufen.

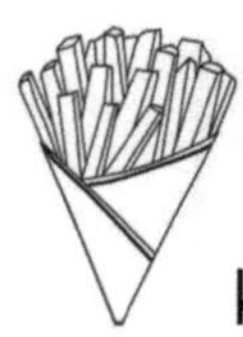

Um Politikerin zu werden, kündigte sie ihre Arbeit. Aber sie wurde nicht gewählt. Deshalb nahm sie einen anderen Job an. Dabei musste sie viel reisen. So lebten ihre drei Kinder beim Vater. Wangari besuchte sie, so oft es ihr möglich war.

Wangari ließ sich nicht unterkriegen.

SCHEIDUNG: Wenn ein Ehepaar nicht mehr zusammen sein möchte, reichen Mann und Frau offiziell die Scheidung ein und sind dann nicht mehr verheiratet.

FORSCHUNGSAUFGABE

Wann hast du dich schon einmal nicht unterkriegen lassen?

Nichts wird besser

Als Kenia endlich unabhängig war, hatten die Menschen große Hoffnungen für die Zukunft. Aber die neuen Präsidenten änderten nicht so viel, wie alle gedacht hatten. Als sie an der Macht waren, dachten sie fast nur an sich.

Deshalb wurde weiter der Wald abgeholzt, weil das Holz viel Geld brachte. Es wurden weiter nur Kaffee und Tee angebaut, weil das die Menschen in Europa kaufen wollten. Die Tiere wurden weiter getötet, weil manche Jäger gerne Elefantenzähne hatten.

Das ärgerte Wangari sehr. Sie entschied sich, gegen all das zu protestieren. Aber nicht allein.

KAFFEE UND TEE: Das sind Getränke, von denen man nicht satt werden kann.

ABHOLZEN: Bäume fällen.

PROTESTIEREN: Nein sagen zu etwas.

FORSCHUNGSAUFGABE

Wogegen möchtest du gern protestieren? Hast du schon einmal gegen etwas protestiert?

Es sind doch nur Frauen

In Kenia herrschte lange Zeit nur ein Mann mit seiner Partei. Diese Leute waren dafür bekannt, andere Meinungen zu unterdrücken. Doch als Wangari und die anderen Frauen Bäume pflanzten, hinderte sie niemand daran.

Dabei war es eine Kritik an der Regierung. Aber das bekam niemand mit. Die Männer dachten: Es sind doch nur Frauen. Sollen sie doch Bäume pflanzen.

Die Frauen merkten: Wenn wir Bäume pflanzen, können wir besser leben. Wenn wir Bäume pflanzen, sind wir unabhängig. Wenn wir Bäume pflanzen, kann man uns sehen.

Das war irgendwann doch gefährlich und die Regierung sperrte Wangari in ein Gefängnis.

KRITIK: Etwas beurteilen.

REGIERUNG: Das sind die Menschen, die einen Staat leiten.

FORSCHUNGSAUFGABE

Warum ist es gut, Bäume zu pflanzen?

Gebt uns unseren Park

In Nairobi gibt es einen Park namens Uhuru, der so groß ist wie 18 Fußballfelder. Eines Tages wollte der kenianische Präsident dort einen riesigen Wolkenkratzer und ein Denkmal von sich selbst bauen lassen.

Wangari fand, dass niemand den Kenianern ihren Park wegnehmen dürfe. Sie protestierte lange und schrieb wütende Briefe an Geldgeber aus dem Ausland, bis der Bau gestoppt wurde.

Viele Politiker machten sich öffentlich über sie lustig und beschimpften sie. Manche von ihren Freunden wechselten die Straßenseite, wenn man sich zufällig traf. Aber Wangari war sich sicher, dass sie das Richtige tat.

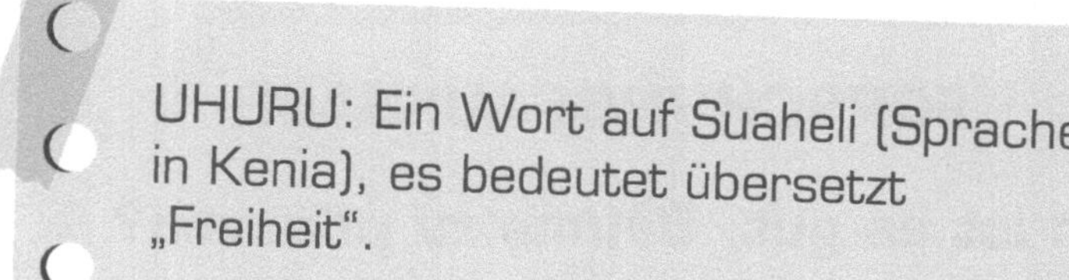

FORSCHUNGSAUFGABE

Welcher Park ist bei dir in der Nähe? Schätze, wie viele Fußballfelder groß er ist.

Gebt uns unsere Söhne

Die Regierung sperrte viele Leute ein, die nicht so dachten wie sie. Das fanden viele Menschen nicht richtig. Wangari protestierte zusammen mit den Müttern der Gefangenen im Uhuru Park.

Sie aßen drei Tage lang nichts. Das nennt man Hungerstreik. Sie erregten große Aufmerksamkeit, auch im Ausland. Viele Menschen, die unzufrieden mit der Regierung waren, schlossen sich an. Manche erzählten von Folter.

Der Präsident gab jedoch nicht nach. Im Streit mit der Polizei wurde Wangari verletzt und musste in ein Krankenhaus. Der Protest ging fast ein Jahr weiter, bis der Präsident die Söhne endlich freiließ.

FOLTER: Schlimme Gewalt gegenüber Menschen.

NACHGEBEN: Seine Meinung ändern.

FORSCHUNGSAUFGABE

Kennst du einen weltweiten Streik von Kindern und Jugendlichen?

Lösung: „Fridays for Future“ – Schulstreik gegen die Klimakrise

Wofür hältst du dich?

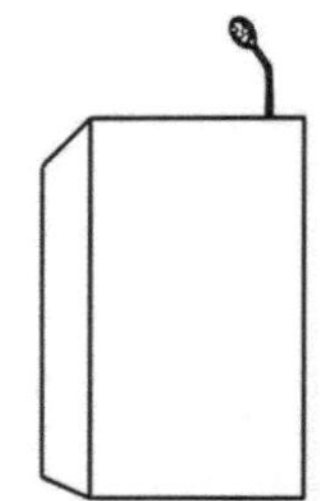

Als Wangari protestierte, war der Präsident von Kenia darüber sehr wütend. In einer Rede fragte er einmal: „Für wen hält sich diese Frau?" Er fand, sie sollte als Frau ihren Mund halten.

Doch Wangari dachte gar nicht daran, still zu sein. Sie fand, dass es wichtig war, ungehorsam zu sein, wenn jemand schlechte Gesetze machte. Man sollte seinen eigenen Kopf benutzen.

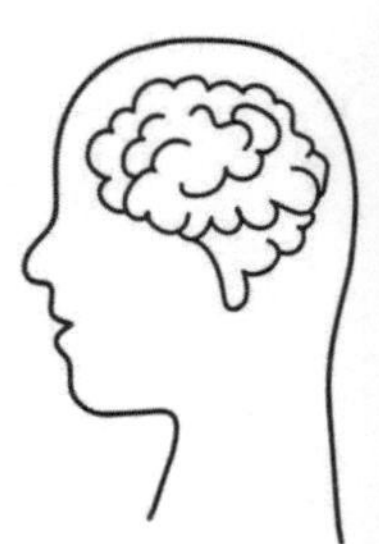

Also erklärte sie den Menschen weiter, was sie für richtig hielt. Dabei ging es darum, dass alle mitbestimmen sollten. Das nennt man Demokratie.

WIDERSTANDSRECHT: Wenn etwas nicht demokratisch ist, darf man sogar dann dagegen vorgehen, wenn es gegen das Gesetz ist. Aber natürlich nicht mit Gewalt, so lange es noch eine andere Möglichkeit gibt.

FORSCHUNGSAUFGABE

Welche Regel findest du schlecht und warum? Was denkst du, weshalb es diese Regel trotzdem gibt?

Von der Aktivistin zur Politikerin

Viele von Wangaris Aktionen entstanden, weil sie mit offenen Augen durch die Welt ging. Dabei sah Wangari Probleme – und versuchte, sie dann zu lösen.

Wenn Bäume fehlten, pflanzte sie Bäume. Wenn Wissen fehlte, war sie eine Lehrerin. Wenn jemand Hilfe brauchte, dann schrieb sie einen Brief.

Irgendwann merkte sie: Das ist genau das, was Politiker machen. Wangari wollte auch eine Politikerin werden. Aber das war schwer: Noch nie zuvor war eine Frau in Kenia eine wichtige Politikerin gewesen. Wangari war die erste.

AKTIVISTIN: Eine Frau, die sich für eine bestimmte Sache einsetzt.

POLITIKERIN: Eine Frau, die in einem Staat für viele Menschen entscheidet, die sie gewählt haben.

FORSCHUNGSAUFGABE

Versuche, mit dem Bild den Wasserkreislauf zu erklären. Wenn du es nicht schaffst, frage einen Erwachsenen oder suche im Internet oder in einer Bücherei nach der richtigen Antwort.

Der grüne Gürtel wächst

Das „Green Belt Movement“ ist seither stark gewachsen. Zuerst schlossen sich Unterstützerinnen aus 13 afrikanischen Staaten zusammen, um die Idee, Bäume zu pflanzen, weiterzutragen. Einige Jahre später wurde die Organisation von den Vereinten Nationen unter dem Namen „Die Milliarden-Bäume-Kampagne“ unterstützt und auf der ganzen Welt bekannt gemacht.

2004 wurde sogar das kenianische Militär dazu aufgerufen, Bäume zu pflanzen. Auch Gefängnisse wurden bepflanzt.

2007 brachte der damals neunjährige Felix die Idee nach Deutschland. Mit „Plant for the Planet“ setzte er sich dafür ein, dass Kinder in jedem Land der Erde viele Bäume pflanzen.

Heute verfolgt auch „Fridays for Future“ ähnliche Ziele.

VEREINTE NATIONEN: Zusammenschluss von 193 Staaten, die sich gemeinsam für den weltweiten Frieden einsetzen.

KAMPAGNE: Eine große Aktion.

FORSCHUNGSAUFGABE

Schau nach, wo in deiner Gegend Bäume gepflanzt werden.

Nobelpreis und Auszeichnungen

2004 erhielt Wangari Maathai als erste Afrikanerin den Friedensnobelpreis. Ihre Wahl wurde damit begründet, dass sie eine Quelle der Inspiration ist. Das heißt, dass sie viele Menschen dazu motiviert, für die Umwelt, für Frieden und Demokratie zu kämpfen.

Sogar mehrmals wurde sie zur „Frau des Jahres" gewählt, denn sie ist ein Vorbild für viele Frauen auf der Welt.

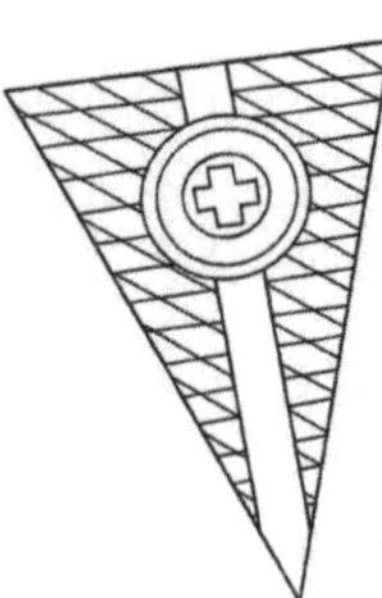

Sie erhielt noch viele weitere Preise aus unterschiedlichen Ländern, weil viele Menschen ihre Arbeit bewundernswert finden.

NOBELPREIS: Eine der wichtigsten Auszeichnungen auf der Welt, die für verschiedene Themen vergeben wird.

INSPIRATION: Durch das eigene Handeln andere dazu bringen, etwas zu tun.

FORSCHUNGSAUFGABE

Welche Person hat deiner Meinung nach einen Preis verdient und wofür?

Krankheit und Tod

Die stärkste Kritik an Wangari hat mit einer Krankheit zu tun. Wangari hatte erzählt, dass in Laboren ein Virus gezüchtet wurde, um Afrika zu schaden. Das stimmte nicht. Viele Menschen protestierten. Wangari schadete damit sich selbst und ihrer Protestbewegung.

Am Lebensende hatte Wangari selbst eine schwere Krankheit: Krebs. Daran starb sie am 25. September 2011. Ihre Familie war bei ihr. Bestimmt haben sich alle an ihren Kampf für die Bäume und die Menschen erinnert.

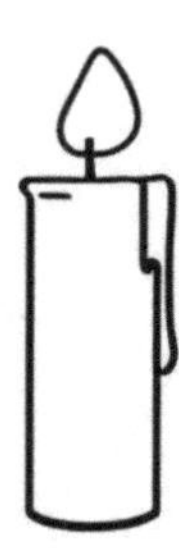

Menschen in aller Welt waren traurig. Sie hatten nichts von Wangaris Krankheit gewusst. Sie versprachen, ihre Ideen weiterzutragen.

LABOR: Ein Ort, wo Krankheitserreger untersucht und erforscht werden.

VIRUS: Ein winzigkleines Ding, das krankmachen kann.

FORSCHUNGSAUFGABE

Welche wichtige Idee möchtest du an viele Menschen weitergeben?

Was bleibt?

Zusammen mit der Universität in Nairobi hat Wangari das Wangari-Maathai-Institut für Frieden und Umwelt gegründet. Hier erforschen Personen bis heute, wie man Ackerbau umweltschonend betreiben kann und Wälder und Ressourcen nachhaltig nutzt.

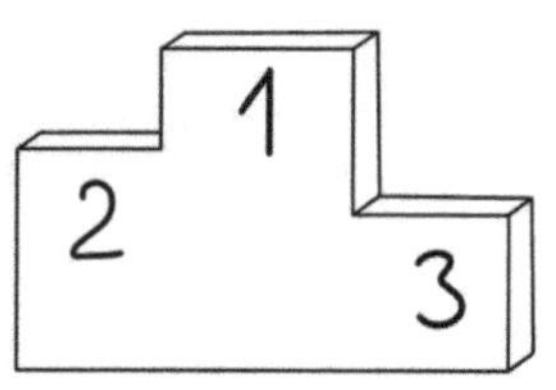

Auch nach Wangaris Tod hörte ihr Einfluss nicht auf. Seit 2012 gibt es den Wangari-Maathai-Waldchampion-Preis, der an Personen verliehen wird, die sich für Wälder einsetzen.

Wanjira führt die Arbeit ihrer Mutter beim „Green Belt Movement" weiter und gibt darauf acht, dass weiterhin viele Bäume gepflanzt werden.

RESSOURCEN: Rohstoffe aus der Natur.

NACHHALTIG: Bedeutet hier, dass man nicht mehr verbraucht, als nachwächst.

FORSCHUNGSAUFGABE

Wie kannst du nachhaltiger leben?

Hättest du's gewusst?

 Wangari hatte zehn Geschwister (bzw. Halbgeschwister).

 Eine Zeit lang studierte Wangari in Gießen. Das liegt in Hessen.

 1971 erwarb Wangari als erste Frau aus Kenia den Doktortitel an der Universität von Nairobi.

 Der frühere Präsident Kenias (Moi) sagte einmal über Wangari, sie habe Insekten im Kopf, anders konnte er sich nämlich ihren ungebrochenen Protest nicht erklären.

 Wangari sagte einmal, dass man als Frau in der kenianischen Politik eine Elefantenhaut brauche. Das heißt, dass man viel aushalten muss.

 Wangari meinte eines Tages zu den Politikern, die gegen ihre Baumpflanzaktionen mit Frauen

waren: „Was ist so schlimm an Bäumen? Bäume wählen nicht!" Damit meinte sie, dass die Politiker nichts vor den Bäumen zu fürchten hätten.

2006 trug Wangari gemeinsam mit sieben weiteren Frauen die olympische Flagge ins Stadion in Turin, Italien. Es war das erste Mal, dass acht Frauen die Flagge trugen.

Wangari war 2005 beim New York Women's Foundation-Frühstück eingeladen, wo Geld für wichtige Projekte von Frauen gesammelt wird.

Wangari wurde mit über 50 Auszeichnungen und Preisen geehrt.

2006 traf Wangari einmal Barack Obama. Der war damals noch nicht Präsident der Vereinigten Staaten von Amerika.

2008 war Wangari Maathai dabei, als in Norwegen ein Archiv für tausende

Pflanzensamen eingerichtet wurde. Dort lagern die Samen, die für das Überleben der Menschen am wichtigsten sind. Es ist eine Arche Noah für Pflanzen.

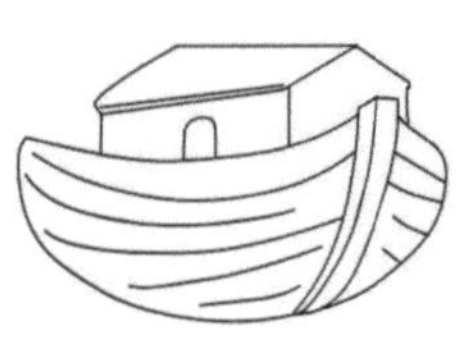

2015 wurde der Asteroid 356863 mit Wangaris Nachnamen „Maathai" benannt.

In Wien, im 22. Bezirk, gibt es einen Wangari-Maathai-Platz.

In Berlin ist eine Schule nach Wangari benannt.

Es gibt T-Shirts, Sticker, Poster, Postkarten, Malbücher, bedruckte Tassen und vieles mehr von Wangari.

Die ersten Bäume des Green Belt Movements wurden am 5. Juni 1977, dem Welt-Umwelttag, in Nairobi gepflanzt. Es waren sieben Bäume.

Man sagt über Wangari, dass sie es schaffte, in allem etwas Gutes zu sehen oder immer Licht im Dunkeln zu finden. Sie gab nie auf.

In Washington, der Hauptstadt der USA, gibt es einen Wangari Maathai-Garten, in dem Menschen aus der Stadt ihre eigenen kleinen Beete pflegen können. Auch 50 Obstbäume wachsen dort.

Es gibt mittlerweile einige ähnliche Organisationen wie die Grüngürtelbewegung. Zum Beispiel: Afrikas Grüne Mauer (Englisch: Great Green Wall), die die Ausbreitung der Wüste verhindern soll. Darüber haben auch schon die Kindernachrichten Logo berichtet.

Der Staat Komoren brachte eine Briefmarke heraus mit Wangari Maathai als Bild.

Wie pflanze ich einen Baum?

„Bis man nicht ein Loch gegraben, einen Baum gepflanzt, ihn gewässert und wachsen lassen hat, hat man nichts geleistet – man redet nur“, hat Wangari mal gesagt. Was hältst du davon, selbst einen Baum zu pflanzen? Du kannst ein fertiges Bäumchen kaufen, es im Garten oder in der Natur pflanzen und dich um es kümmern.

Noch spannender ist es, zuzusehen, wie aus einem Samen ein Baum wird.

DAS GEHT SO:

Besorge dir Baumsamen. Besonders gut eignen sich Eicheln, Kastanien oder Apfelkerne.

Dokumentiere hier deinen Fortschritt:

Mein Baum ist ein/eine

____

Ich habe meinen Baum gepflanzt am

________. ____________________ 20____

Da war er _____ cm groß.

So sah der Samen aus:

____

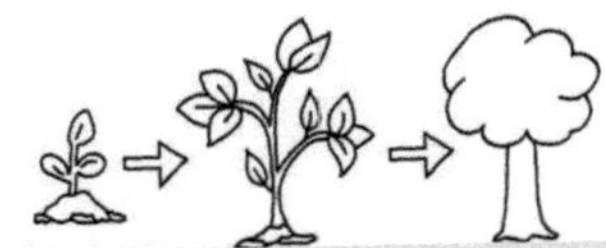

Am ________. __________________ war der

Baum ______ cm groß.

Am ________. __________________ war der

Baum ______ cm groß.

Am ________. __________________ war der

Baum ______ cm groß.

Am ________. __________________ war der

Baum ______ cm groß.

FOTO / BILD

Bäume erkennen

Werde ein Baumdetektiv. Versuche, die Blätter, die Früchte und den Namen des Baums zuzuordnen. Kreise dafür alle zusammengehörenden Bilder in der gleichen Farbe ein. Benutze für jeden Baum eine andere Farbe.

Ahorn • Birke • Kastanie • Eiche

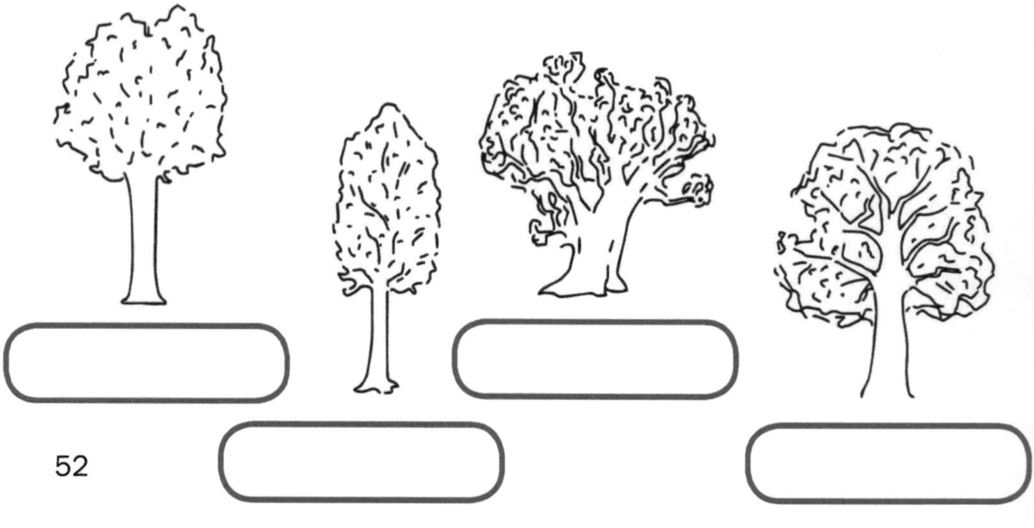

Ausmalbäume

Schaffst du es, 100 Bäumchen auf dem Papier wachsen zu lassen? Male sie in bunten Farben an.

Lebensbaum

Gestalte deinen eigenen Lebensbaum! Du kannst ihn hier entwerfen und, wenn du möchtest, auch noch außerhalb des Buches mit getrockneten Blättern, aus Schnüren, mit Moosgummi oder aus anderen Materialien basteln.

HIER SIEHST DU, WIE ES GEHT.

In die Blätter schreibst du die Wünsche für dein Leben.

In den Stamm kommen die Namen aller Menschen, Tiere oder Dinge, die dir Halt geben.

An die Wurzeln schreibst du, was du alles brauchst, damit deine Wünsche einmal in Erfüllung gehen können.

Kenia schmecken

Wangari Maathai hat als Kind in ihrem Dorf sicher häufig das kenianische Nationalgericht Ugali gegessen.

Das brauchst du für Ugali, den kenianischen Maisbrei (er schmeckt so ähnlich wie Grießbrei):

ZUTATEN

- 2 Tassen Wasser
- 2 Tassen Maisgrieß (Polenta)
- ½ Teelöffel Salz

KÜCHENGERÄTE

- 2 Tassen
- Schneebesen
- Topf
- Teelöffel
- Kochlöffel

SO MACHST DU UGALI

Koche das Wasser in einem Topf und gib das Salz dazu.

Rühre danach das Maismehl mit einem Schneebesen ein, bis der Brei recht fest ist (vom Löffel fällt und nicht mehr abtropft).

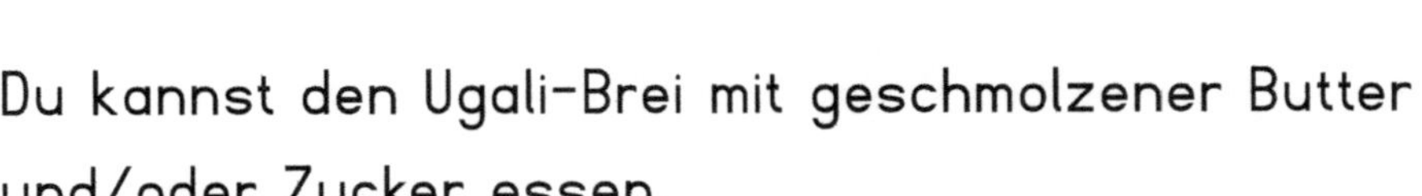

Dann kochst du den Brei noch 5 bis 10 Minuten weiter bei geringer Hitze. Du musst ständig mit dem Kochlöffel rühren, damit der Brei am Boden nicht anbrennt oder anbäckt.

Du kannst den Ugali-Brei mit geschmolzener Butter und/oder Zucker essen.

Wenn du es richtig kenianisch haben willst, machst du etwas Herzhaftes dazu. Hier ein paar Beispiele: Baked Beans, Ei in Tomatensauce, Hühnchencurry. Aber auch Tomatenpesto ist lecker dazu.

Kenia hören

Wangari mochte Musik. Bestimmt kannte sie auch das berühmte kenianische Lied „Jambo Bwana", das schon vor vielen Jahren von einer kenianischen Musikgruppe erfunden wurde.

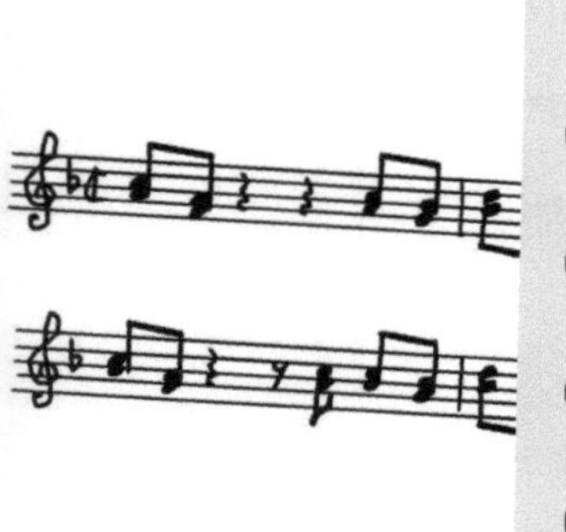

Das Lied ist auf Suaheli.
Das bedeuten die Worte:

Hallo, hallo Herr,
Wie geht es dir?
Sehr gut!
Besucher, willkommen
in unserem Kenia.
Keine Sorge.

Das Lied hat eine einfache Melodie und du kannst gut mitsingen. Auf Youtube gibt es viele Möglichkeiten, die Melodie zu hören und den Text zu lesen. So kannst du mitsingen.

Tipp: Wie wäre es, wenn du das Lied mit Freunden singst und ihr euch mit einfachen Instrumenten begleitet. Eine Trommel oder Klanghölzer klingen klasse dazu.

Mach es zu deinem Buch!

Sieh dir ein Foto im Internet an und male Wangari in den passenden Farben aus.

Schreibe in den Kreis eigene Gedanken über Wangari.

Erkläre ein Wort aus dem Buch, das du noch nicht kanntest.

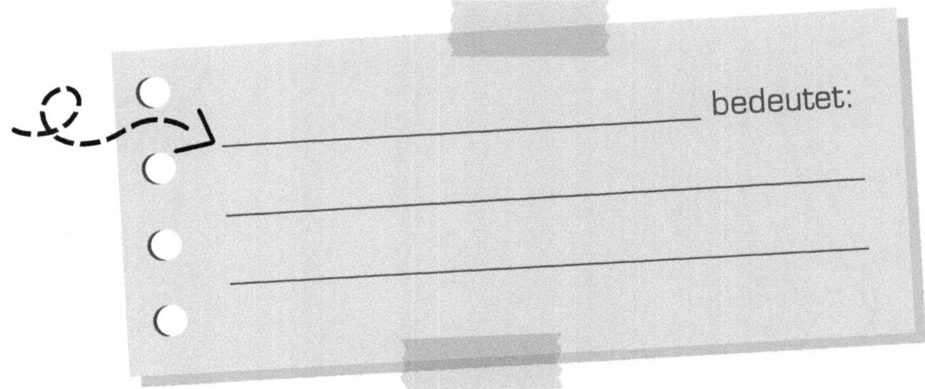

Schreibe die drei wichtigsten Punkte auf, warum Wangari für dich eine starke Frau ist.

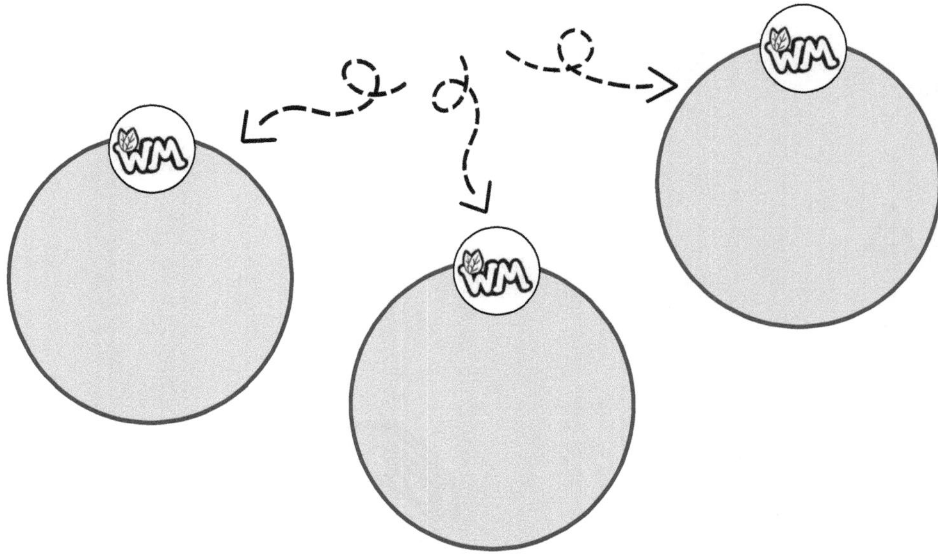

Zeichne Wangari so, wie du sie siehst – zum Beispiel bei einer Tätigkeit, die sie gern gemacht hat, oder in ihrer Heimat Kenia.

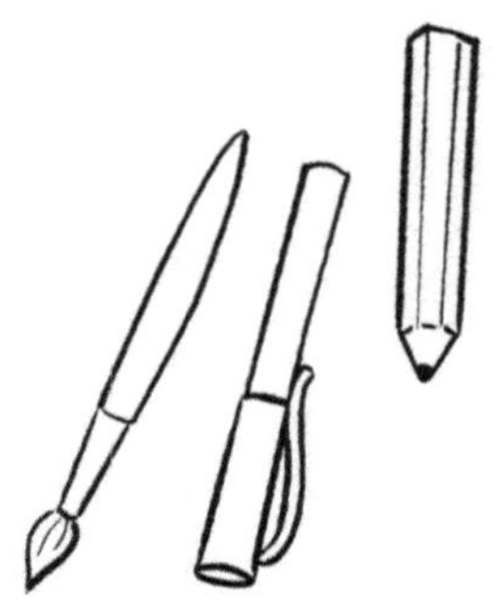

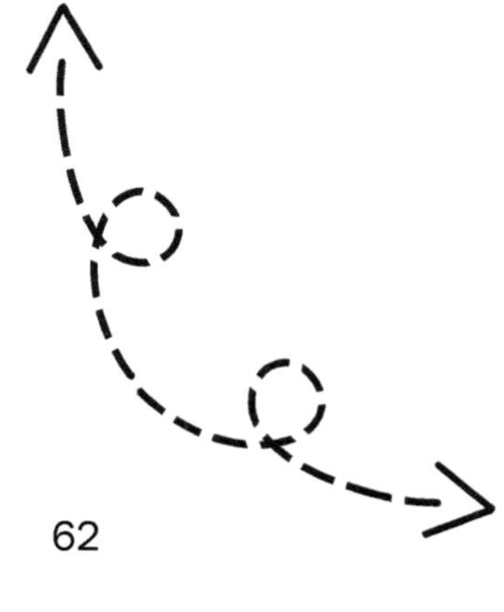

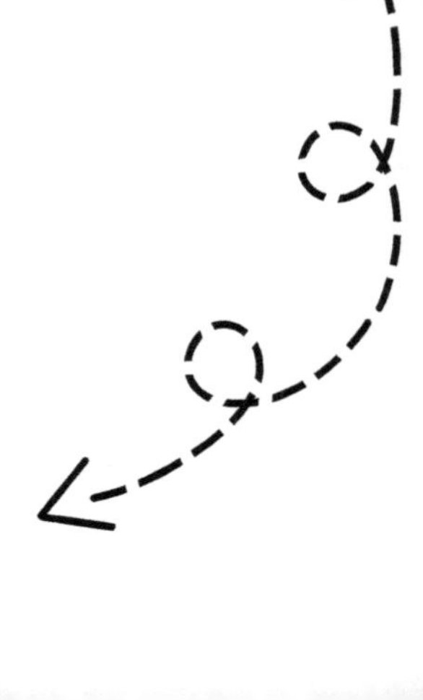

Klebe hier ein Foto von Wangari ein. Das findest du z.B. im Internet.

Tolle Farben, tolle Kleidung

Wenn du durch das Buch blätterst oder Bilder von Wangari im Internet anschaust, dann bemerkst du, dass sie oft leuchtend bunte Kleider anhatte.

Denke dir für die Wangari auf dieser Seite ein Muster und Farben für ein Kleid aus, in dem sie dir am allerbesten gefallen würde.

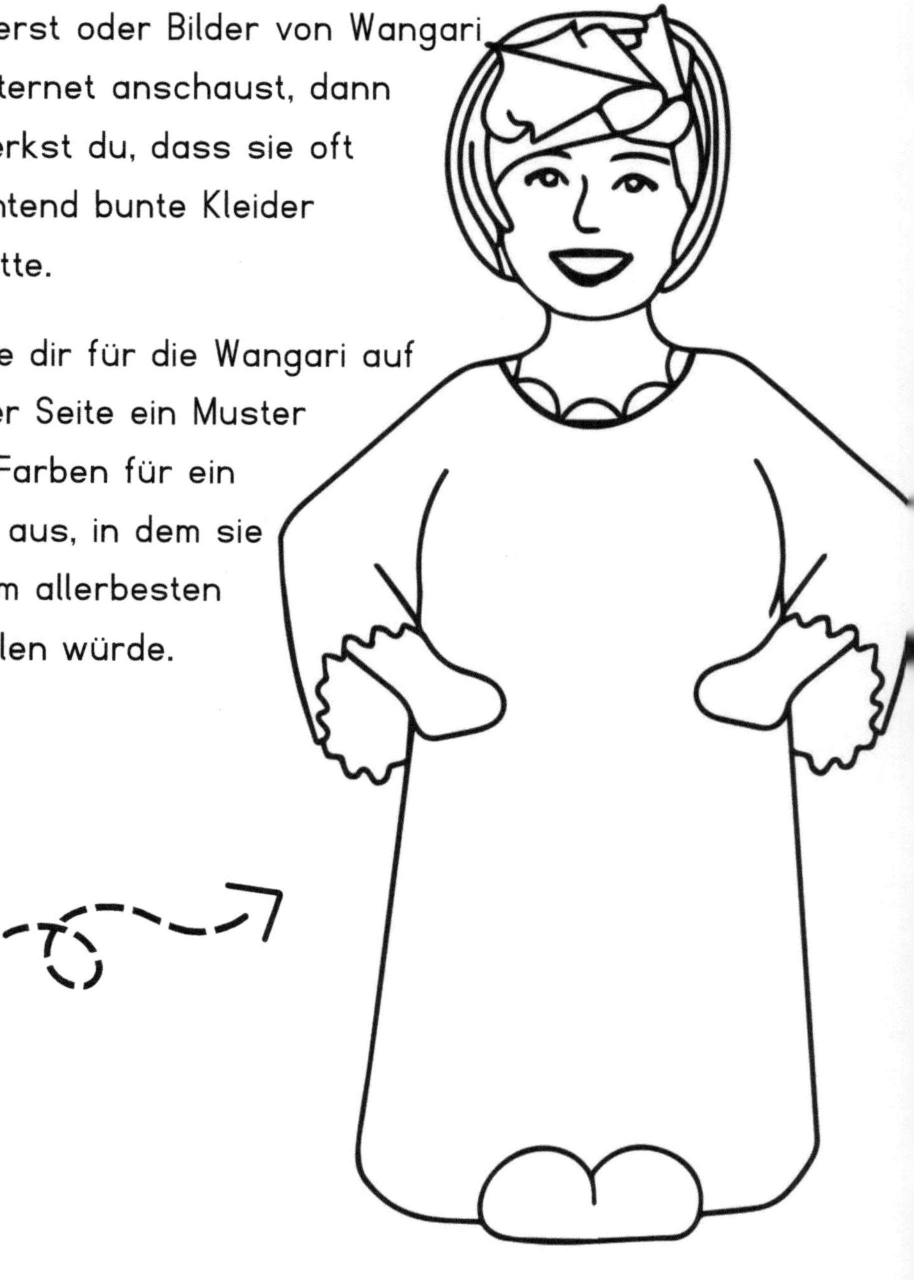

Drei starke Frauen hinter diesem Buch

Heike ist Historikerin und Autorin. Besonders Frauengeschichten interessieren sie. Ihren Kindern wünscht sie eine Zukunft, in der jede(r) ganz selbst sein und alles erreichen kann.

Julia ist angehende Lehrerin für Geschichte, Englisch und Ethik. Starke Frauen waren ihr schon immer ein Vorbild. An Angela Merkel bewundert sie ihren klugen Kopf und ihre ruhige Art.

Bettina ist Archäologin und zeichnet für ihr Leben gern. Schon als kleines Mädchen hat sie damit begonnen. Sie hofft, dass jeder etwas im Leben hat, das ihn glücklich macht.

Noch nicht genug?

Wenn du noch mehr über Wangari Maathai wissen möchtest, hier einige Empfehlungen:

Über Wangaris Leben (in Deutsch): fembio.org/biographie.php/frau/biographie/wangari-maathai/ oder afrika-junior.de/inhalt/wissen/afrikanische-persoenlichkeiten/wangari-muta-maathai-die-mutter-der-baeume.html

Über Wangaris Leben (in Englisch): greenbeltmovement.org/wangari-maathai und nobelprize.org/prizes/peace/2004/maathai/facts

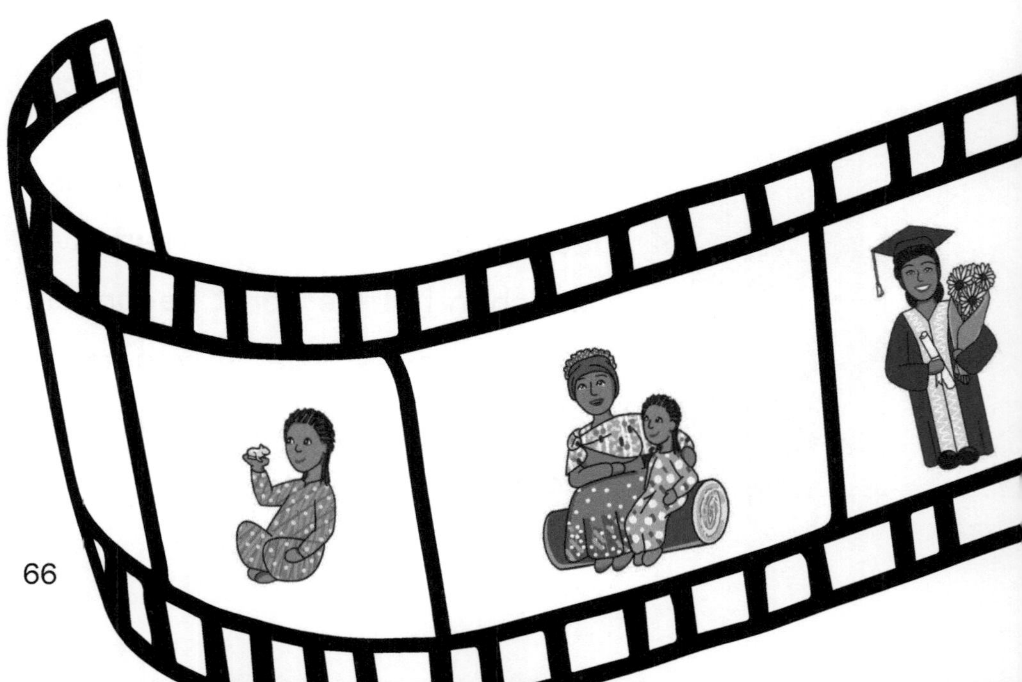

Hast du Lust auf einen „Zeithüpf-Podcast“ (MDR)? Dann höre Spannendes über Wangari hier: ardaudiothek.de/episode/magisches-mikro-der-zeithuepf-podcast-fuer-kinder/wangari-maathai-mutter-der-baeume-und-friedensnobelpreistraegerin/mdr-tweens/87768042

Wenn du Wangari einmal im Film sehen möchtest, kannst du das zum Beispiel hier tun (auf Englisch): takingrootfilm.com/the-film

Und dieses Buch (für Erwachsene) hat Wangari selbst geschrieben: Afrika, mein Leben. Erinnerungen

Es gab eine Frau, die hat ihr Leben lang für die Gerechtigkeit gekämpft: Ruth Bader Ginsburg (1933–2020).

Sie war Professorin, Anwältin und schließlich Richterin am obersten Gericht der USA. Doch weil sie eine Frau war, hat man sie oft unterschätzt.

- Wofür hat sich Ruth Bader Ginsburg eingesetzt?
- Welche Hindernisse musste sie überwinden?
- Wie konnte sie die Menschen überzeugen?
- Was waren ihre Träume?

In diesem spannenden Buch findet ihr die Antworten, auch auf viele weitere Fragen. In leicht lesbarer Druckschrift. Als Schullektüre und für die Schulbibliothek geeignet. Mit Kreativ-Seiten zur eigenen Gestaltung.

Es gibt eine Frau, die wurde oft die mächtigste Frau der Welt genannt: Angela Merkel (*1954).

Sie war 16 Jahre Bundeskanzlerin und sagte: „Wir schaffen das!" Lasst uns einen Blick hinter die Kulissen der Weltpolitik wagen:

- Wie schaffte es Angela Merkel ganz nach oben?
- Wodurch hielt sie sich so lange an der Spitze?
- Wie hat sie die deutsche Politik verändert?
- Was sind ihre Träume für die Zukunft?

In diesem spannenden Buch findet ihr die Antworten, auch auf viele weitere Fragen. Jeder Titel aus der Reihe „Starke Frauen" bietet euch gut verständliche Texte, inspirierende Bilder und knifflige Fragen zum Weiterdenken.

KINDERBUCHREIHE_STARKEFRAUEN

StarkeFrauen-Buch.de

FÜR KLEINE LEUTE MIT GROSSEN IDEEN.

edition riedenburg

Mit diesem Buch feiern wir 400 Jahre Paris Lodron Universität Salzburg und laden alle Kinder dazu ein, das Leben an der Uni zu entdecken.

Marie, acht Jahre, sommersprossig und wissbegierig, kennt den besten Ort der Welt, um Antworten auf (fast) alle ihre Fragen zu finden: die Universität. Das Salzburger Uni-Abenteuer führt Marie zu einer großen Bibliothek, zwei Ausblicken, drei Forschungszentren, vier Leckereien, fünf Standorten, sechs Fakultäten, sieben Denkmälern, einer merkwürdigen Acht, neun neuen Wörtern und mehr als zehn klugen Studierenden.

- Was hat Universität mit Universum zu tun?
- Warum ist Fragen das Wichtigste?
- Welche berühmte Frau ist mit Marie verwandt?

Findet es gemeinsam mit Marie heraus!

KINDERBUCHREIHE_STARKEFRAUEN

StarkeFrauen-Buch.de

FÜR KLEINE LEUTE MIT GROSSEN IDEEN.

Klar bin ich von hier!

Was ein schwarzer Junge in Deutschland erlebt

Ein Kinder- und Jugendbuch von Sabine Priess

Mit Illustrationen von Hélène Baum

116 Seiten Paperback
ISBN: 978-3-99082-049-0

Malik ist neun Jahre alt und hat einen kenianischen Vater. Ziemlich oft wird Malik gefragt, woher er denn wirklich kommt. „Aus der Schützestraße" lautet seine Antwort, doch das scheint vielen Menschen nicht zu genügen. Auch für sein gutes Deutsch wird er öfter mal gelobt. Das wundert Malik. Was soll er denn sonst sprechen? Klingonisch vielleicht? Nur gut, dass er seine Freunde hat. Und einen Lehrer in der Schule, der immer zu ihm hält.

Ein Kinder- und Jugendbuch zu den Themen Alltagsrassismus, Diskriminierung, Diversität, Toleranz und Mut zur Andersartigkeit. Mit Unterrichtsideen für den Einsatz als Klassenlektüre.
Ab 8 Jahren. In leicht lesbarer Druckschrift.

Unsere Bücher gibt es im (Internet-)Buchhandel.